학교에서 가르쳐주지 않지만
잘살기 위해
꼭 알아야 할 것들

시간 관리

Original Japanese title: SCHEDULE WO KANRI SURU 7 TSU NO HOUHOU
Copyright © 2020 Yuko Kawamoto, 7e, 303BOOKS
Original Japanese edition published by KAWADE SHOBO SHINSHA Ltd. Publishers
Korean translation rights arranged with KAWADE SHOBO SHINSHA Ltd. Publishers
through The English Agency (Japan) Ltd. and Danny Hong Agency

이 책의 한국어판 저작권은 대니홍 에이전시를 통한 저작권사와의 독점 계약으로
(주)도서출판 길벗에 있습니다. 저작권법에 의해 한국 내에서 보호를 받는 저작물이므로
무단전재와 복제를 금합니다.

학교에서 가르쳐주지 않지만
잘살기 위해 꼭 알아야 할 것들

시간 관리

나나에 글그림 | 가와모토 유코 감수 | 오현숙 옮김

길벗

차례

프롤로그 시작은 한 권의 수첩으로부터 ·········· 2

Chapter 1 자기에게 주어진 시간 ·········· 10
자기에게 주어진 시간을 의식하려면? ·········· 16

Chapter 2 우선순위를 정하는 게 우선이야! ·········· 26
할 일을 전부 적으면 우선순위가 보인다 ·········· 32

Chapter 3 출구부터 생각한다?! ·········· 42
무엇을 언제까지 끝낼까? ·········· 48

Chapter 4 주간 스케줄과 일간 스케줄 ·········· 58
주간 스케줄과 일간 스케줄 100% 활용하는 방법 ·········· 64

Chapter 5 스케줄은 보기 쉬워야 해! ·········· 74
색을 다르게 사용하면 스케줄이 한눈에 보인다 ·········· 80

Chapter 6 틈새 시간에 무엇을 할까? ·········· 90
틈새 시간을 알차게 활용하려면 준비가 필요하다 ·········· 96

Chapter 7 스케줄은 바뀔 수 있어! ·········· 106
불가능한 스케줄을 가능한 스케줄로 바꾸려면 ·········· 112

에필로그 선생님의 선물 ·········· 122

등장인물

고비이 선생님

도모다 미나미

가와시마 다카오

미나미의 과외 선생님. 대학교 4학년으로 과외 아르바이트를 하고 있다. 수첩을 활용한 스케줄 관리로 공부도 아르바이트도 개인적인 일도 척척 잘 해내는 능력자다.

이 책의 주인공으로 중학교 3학년. 외동딸로 부모님은 맞벌이 부부다. 공부에 느긋한 편이지만 3학년이 되면서 살짝 초조해하고 있다. 기악부에서 클라리넷을 담당한다.

미나미와 어릴 때부터 친한 단짝 친구. 공부는 열심히 하지 않지만 축구에 관한 일이라면 어떤 노력도 아끼지 않는다. 늘 미나미를 지켜주고 옆에서 힘을 북돋아준다.

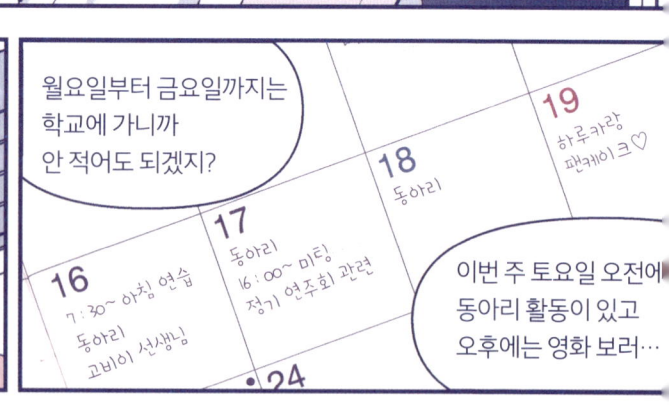

자기에게 주어진 시간을 의식하려면?

나의 스케줄을 작성하기 위해 어떤 수첩을 선택해야 할지, 어떻게 수첩을 사용하면 좋을지 고비이 선생님과 함께 알아볼까요? 수첩을 선택한 다음에는 어떻게 스케줄표를 작성해야 하는지 요령도 배워 봅시다.

수첩은 어떤 게 좋을까?

서점이나 문구점 수첩 코너에 가면 다양한 종류의 수첩이 있어. 미나미는 수첩 코너에 가본 적 있니?

네, 있어요! 아빠가 쓰시는 검은색 수첩, 표지에 그림이 그려져 있는 귀여운 수첩 등 종류가 아주 많더라고요.

맞아. 어린이용 수첩부터 성인용 수첩까지 다양한 디자인의 수첩이 있어. 속지의 타입도 다양해.

고비이 선생님이 주신 수첩은 월간 스케줄과 주간 스케줄을 적을 수 있는 타입이죠? 그거 말고 또 어떤 것들이 있나요?

어떤 타입의 수첩이 있는지 오른쪽 페이지를 한번 볼까?

여러 타입의 수첩이 있다

월간 스케줄러

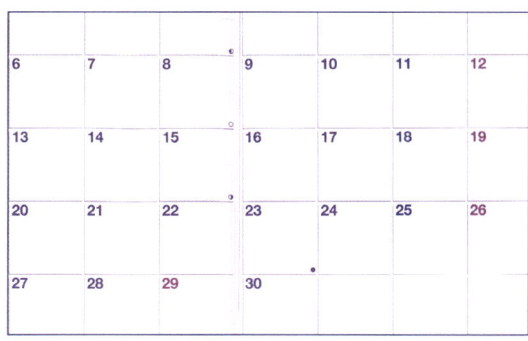

월 단위로 페이지가 나뉘어 있는 월간 스케줄러는 한 달 동안의 흐름을 일목요연하게 알 수 있어요. 일정을 적는 공간이 작아 대략적인 일정이나 중요한 마감일을 확인하는 데 적합합니다.

주간 스케줄러

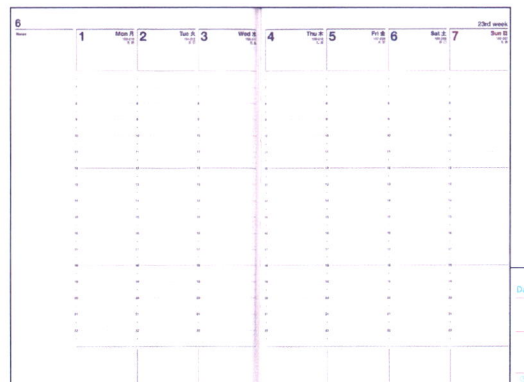

주 단위로 페이지가 나뉘어 있습니다. 일별 공간이 월간 스케줄러보다 넓어 일정마다 시간을 적는 것도 가능하죠. 1주일마다 일정을 관리하고 싶은 사람에게 추천합니다.

일간 스케줄러

1일마다 페이지가 나뉘어 있는 타입의 스케줄러입니다. 하루에 1페이지씩 적을 수 있어 항목을 많이 적고 싶은 사람이나 일정을 상세하게 관리하고 싶은 사람에게 알맞아요.

월간 스케줄에는
대략적인 일정과 주요 마감일을 적는다

 내가 선물한 수첩은 월간 스케줄과 주간 스케줄을 함께 적을 수 있는 타입이었지? 우선 월간 스케줄러를 살펴볼까?

월간 스케줄러는 일별로 적을 수 있는 공간이 작아 '수학 숙제, 과학 리포트, 8시에 영화'처럼 대략적인 일정을 적는 식으로 사용했어요.

 한 달 동안의 일정을 한눈에 보는 것이 목적이니까 그렇게 써도 괜찮아.

휴~ 다행이네요.

 월 단위로 한 달 동안의 일정을 알고 있으면 계획을 세우는 데 도움이 돼. '주말에 영화 보러 가야 하니까 평일에는 이걸 해야지', '월말에 시험이 있으니까 이번 주와 다음 주에 어떤 공부를 해야겠다' 이런 식으로 계획을 세울 수 있거든.

한 달 동안의 스케줄을 일목요연하게 알 수 있네요!

이런 항목을 적는다!

고등학교 입시 및 중간고사·기말고사, 숙제 마감, 리포트 마감, 아침 연습, 동아리 활동, 콩쿠르, 과외 선생님, 개인적인 약속 등 주요 일정과 마감일을 대략 적습니다.

월간 스케줄 작성 방법

칸의 크기는 작지만 한 달 동안의 스케줄을 한눈에 볼 수 있다는 장점이 있어요.

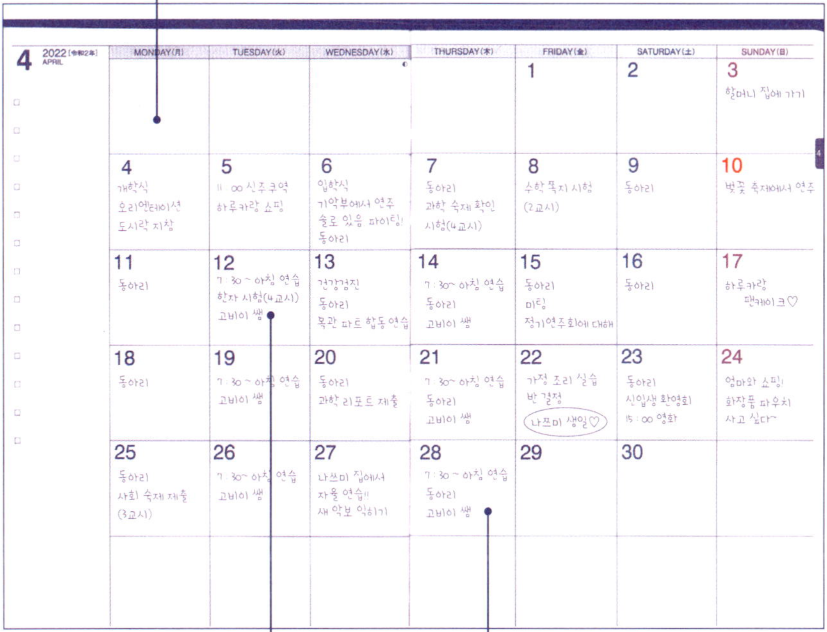

한 칸에 적을 수 있는 일정은 많아도 4~5항목 정도예요. 숙제 제출일이나 동아리 모임, 영화 약속 등 잊어선 안 되는 일정을 대략 적습니다.

익숙해지기 전까지는 연필이나 샤프로 적는 것을 권합니다. 적다 보면 요령이 생겨 잘못 적는 일이 줄어들게 될 거예요.

주간 스케줄에는 일정을 모두 적는다

이번엔 주간 스케줄 쓰는 방법을 알아볼까? 월간 스케줄과는 목적도 쓰는 방법도 달라. 시간을 24시간 단위로 나누어 의식해보는 거야.

아~ 그렇게 세분해서 의식해본 적이 없었어요….

익숙해지면 아주 간단해! 항상 몇 시에 일어나서 몇 시에 집을 나서고, 몇 시에 학교에 도착하는지 이동 시간까지 의식하는 게 좋겠지? 학교에 있는 시간도 교과별 시간표까지 상세하게 적어야 해.

아침에 일어나는 시간이나 아침 연습 시간, 1주일 시간표 등 의외로 정해져 있는 시간이 많더라고요. 쓰기 시작하니까 술술 써졌어요.

스케줄을 적기 전에는 '하루하루의 행동을 상세하게 적는 게 가능할까'라고 생각할 수 있지만, 시작하면 의외로 쉽게 적을 수 있어.

사소한 일이라도 괜찮으니까 전부 적어 보세요!

이런 항목을 적는다!

아침에 일어나는 시간, 아침밥 먹는 시간, 등교 시간, 시간표, 숙제 마감 시간, 점심 시간, 동아리 모임 시간, 하교 시간, 씻기, 취침 등 하루 동안 하는 일을 모두 적습니다.

주간 스케줄 작성 방법

1교시는 ○시부터 ○시까지, 동아리는 ○시부터 ○시까지, 저녁밥은 ○시 등 자세하게 적습니다.

드라마를 보거나 친구와 함께 하교하기 등 개인적인 일정도 잊지 말고 적어요.

친구의 생일 등 중요한 일은 여백에 써넣습니다. 숙제 마감일이나 행동 이외의 것을 적어도 무방하지요.

자기에게 주어진 시간을 의식하는 방법

1주일 스케줄을 적어보니 어땠어?

아침에 일어나는 시간과 수업 시간표, 학교 끝나고 집으로 온 뒤의 시간 등을 적어보니 의외로 같은 행동을 하고 있다는 사실을 깨달았어요. 그러니까 적는 게 쉽더라고요. 처음에는 내 행동을 이렇게 자세하게 적을 필요가 있을까 생각했는데, 적으면서 깨달은 게 있어요.

어떤 걸 깨달았지?

자유 시간이 별로 없다고 생각했었는데… 의외로 많더라고요.

미나미가 중요한 걸 깨달았구나! 하루의 행동을 상세하게 적으면 자기에게 주어진 시간이 보이기 시작하거든. 대부분 머릿속에서 자기에게 주어진 시간을 의식할 수 있다고 생각하지만 의외로 의식하지 못해. 직접 적어봐야 '의외로 시간이 있구나'라고 깨닫는 경우가 많아.

저도 그랬어요! 적기 전에는 몰랐는데 학교 끝나고 집에 와서 만화를 읽거나 게임을 하면서 아무 생각 없이 보내는 시간이 꽤 많더라고요. 하지만 저에게 주어진 시간을 의식하기 시작하니까 '화요일에는 고비이 쌤이 오시기 전까지 이걸 할 수 있겠다', '씻고 나서 게임은 30분 이내로 해야지'라고 생각하게 됐어요.

좋아! 그렇게 자기에게 주어진 시간을 의식하는 습관이 몸에 배면 시간을 유용하게 쓸 수 있게 될 거야.

할 일이 너무 많은 경우

자신도 모르는 사이에 일정을 과도하게 짜는 경우가 있어요. 스케줄을 적으면 일정을 미루거나 취소하는 등 사전에 대처할 수 있습니다.

할 일이 없는 경우

자기에게 주어진 시간을 의식하지 않으면 일정이 없을 때 빈둥거리며 지내기 쉬워요. 하지만 스케줄에 비어 있는 시간을 보게 되면 '그 시간에 뭘 해야지'라고 계획을 세울 수 있답니다.

공부도, 동아리 활동도, 노는 것도 균형 있게 일정을 짠다

일상적인 활동을 적은 후 비어 있는 시간에 일정을 채워 보세요. 공부만 하면 쉽게 피곤해질 수 있기 때문에 클라리넷 연습이나 친구랑 놀기, 게임 등을 넣어 균형 있게 일정을 짜는 것이 좋습니다.

할 일을 전부 적으면 우선순위가 보인다

이것도 해야 하고 저것도 해야 한다는 생각에
허둥대다 보면 결국 모든 것이 흐지부지되어
결과를 내지 못한 채 끝나고 맙니다.
이럴 땐 일단 전부 적고 나서 우선순위를 정해야 해요.

해야 할 일과 하고 싶은 일을 전부 적는다

숙제에 리포트, 클라리넷 연습, 친구와 영화까지….
미나미는 매일 바쁜 것 같네.

정말 그렇다니까요?
해야 할 일이 너무 많아서 하루 24시간이 모자랄 지경이에요.

그러면 우선 해야 할 일과 하고 싶은 일을 전부 적어보자.

하고 싶은 일도 전부 적으라는 건 숙제와 리포트 외에 비는 시간에 하는 게임이라든지 드라마 보기 같은 것도 적으라는 거죠?

그래 맞아. 숙제는 해야 할 일에, 드라마 보기는 하고 싶은 일에, 이런 식으로 수첩의 메모 페이지에 적어봐.

수첩의 메모 페이지에 적는 방법

해야 할 일

- 콩쿠르 연습
- 고입시험 공부
- 중간고사 공부
- 과학 리포트
- 수학 숙제
- 영어 단어 암기
- 역사 연표 암기
- 한자 검정시험 3급 공부

하고 싶은 일

- 드라마 보기(월·금·토)
- 게임하기
- 토요일에 친구랑 영화
- 만화 읽기
- 동영상 보기
- 친구랑 카톡
- SNS

숙제와 리포트, 클라리넷 연습 등은 '해야 할 일'에 넣습니다. 고입시험 공부와 같이 시간이 걸리는 것도 해야 할 일도 전부 적습니다.

취미활동이나 휴식 등 반드시 해야 할 일은 아니지만 하고 싶다고 생각하는 일은 '하고 싶은 일'에 적습니다.

'해야할 일'과 '하고 싶은 일'을 제대로 구분하는 것이 중요하겠죠?

'시간과 효과의 그래프' 활용해 생각하기

쌤! 그래프라는 말은 듣기만 해도 현기증이 나요.

괜찮아! (웃음) 옆 페이지에 있는 그래프를 볼까? 세로는 시간 축으로, 시간이 오래 걸리는 일은 위쪽, 시간이 오래 걸리지 않는 일은 아래쪽이야. 가로는 효과 축으로, '해야 할 일과 하고 싶은 일'을 가리키는데 효과가 큰 경우는 오른쪽, 효과가 작은 경우는 왼쪽이야.

시간이 오래 걸리고 적게 걸리고는 알겠는데 효과가 큰지 작은지는…

그래 맞아. 효과의 판단 기준은 사람에 따라 다르지만, 현재의 미나미에게 혹은 장래의 미나미에게 효과가 큰지 작은지를 생각해보면 돼.

아하! 좋아하는 만화 전 권을 다 읽는 것은 시간은 오래 걸리지만 딱히 만화가가 되고 싶은 것은 아니니까 효과는 적다고 보면 되겠네요…. 지금은 그것보단 기악부 콩쿠르 연습을 하는 쪽이 효과가 크고요!

시간과 효과를 종합해 판단하는 건 처음에는 어렵겠지만, 계속해서 생각하는 습관이 중요해.

시간과 효과의 그래프

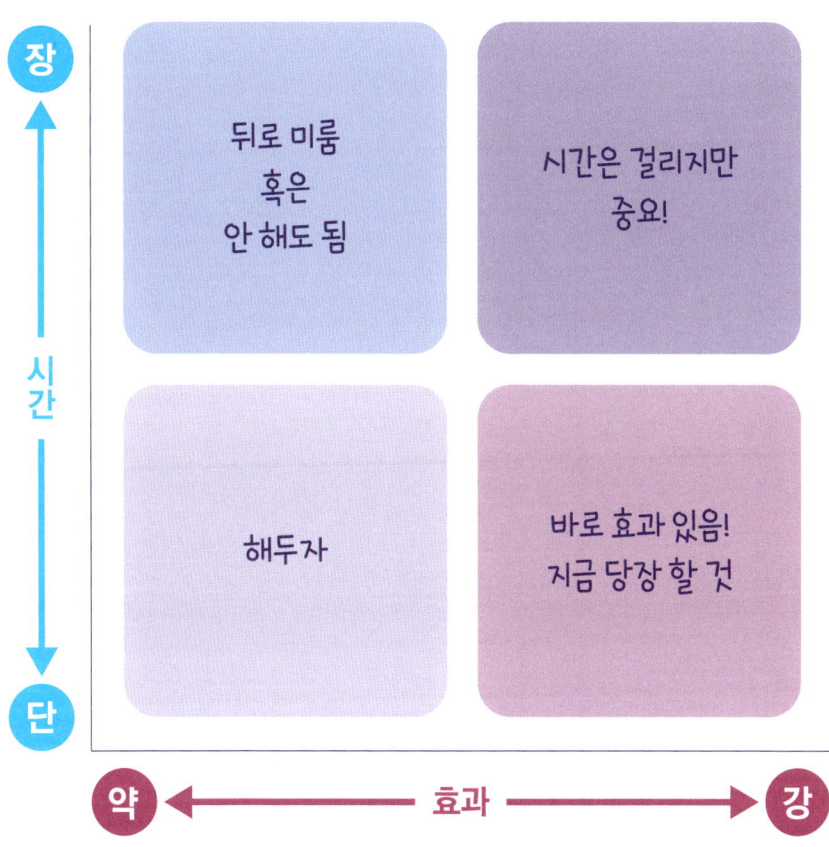

시간은 짧게 걸리지만 효과가 크게 나타나는 일은 바로 실행에 옮기세요. 시간이 오래 걸리더라도 중요한 일이나 이뤄내고 싶은 일은 시간 여유가 있을 때 하는 걸 권해요. 지금의 나와 미래의 나에게 중요한 일이나 도움되는 일은 사람에 따라 다를 수 있습니다. 또 경험이 쌓이다 보면 '해야 할 일'과 '하고 싶은 일'의 위치가 달라질 수 있지요.

그래프로 나타내면 이런 점이 좋다!
- 머릿속에 막연하게 들어 있는 '해야 할 일'과 '하고 싶은 일'을 눈에 보이는 형태로 정리할 수 있어요.
- 무엇부터 해야 할지 우선순위를 정하기 쉬워요.

'무엇에 시간이 얼마나 걸리는지' 알면 우선순위가 보인다

이제 '시간과 효과의 그래프'를 이해했다면 아까 적은 '해야 할 일'과 '하고 싶은 일'의 리스트 항목마다 시간이 어느 정도 걸리는지, 효과는 큰지 작은지 적어볼까?

클라리넷 연습은 하루에 50분이고, 영어 단어 한 개를 외우는 데 1분으로 치면…. 어렵긴 한데 해볼게요.

좋아. 그러면 하나씩 그래프에 대입해볼까?
우선 어떤 것부터 시작하면 좋을지 보이기 시작할 거야.

다 했어요! 리포트와 숙제는 먼저 하는 게 좋을 것 같아요. 영어 단어와 역사 연표는 짧은 시간에도 조금씩 외울 수 있으니까 우선순위는 약간 높은 편이에요. 친구랑 카톡하는 것도 길게만 안 하면 시간이 얼마 안 걸릴 것 같으니까 넣어야지~

잘하고 있어! 시간은 걸리지 않으면서 효과가 큰 것만 있으면 좋겠지만 내가 원하는 대로만 될 수는 없겠지? 시간이 적게 드는 만큼 효과가 작은 것이라도 꾸준히 해야 해. 물론 시간이 걸리지만 효과가 큰 항목도 꾸준히 하는 거 잊지 말고!

이런 항목을 적는다!
수학 숙제, 리포트 제출, 외워야 할 영어 단어, 한자 검정시험 공부, 보고 싶은 영화나 드라마 등 모두 적습니다.

그래프에 할 일 대입하기

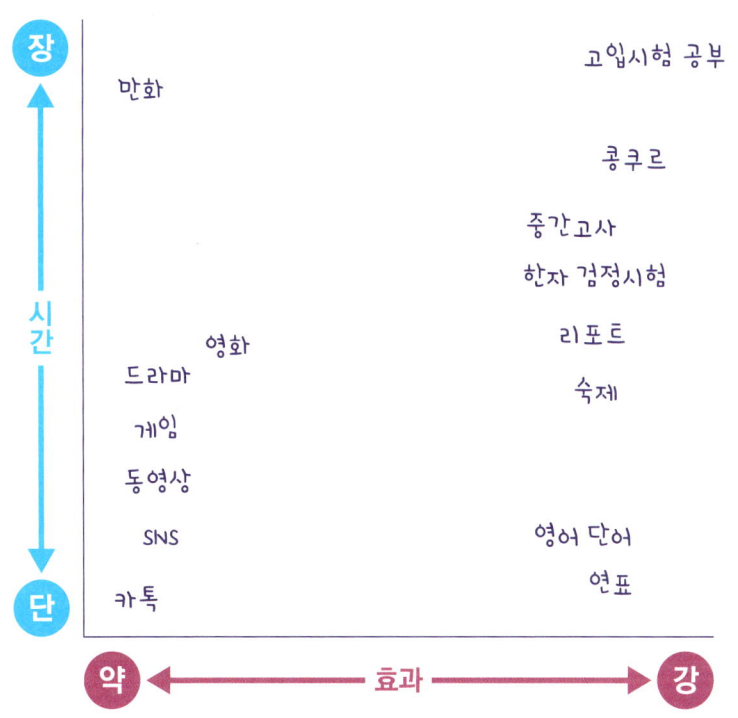

우선순위를 매긴다

① 수학 숙제
② 과학 리포트
③ 역사 연표 암기
④ 영어 단어 암기
⑤ 한자 검정시험 3급 공부
⑥ 친구랑 카톡
⑦ 중간고사 공부
　　　⋮

시간이 걸리지만 꼭 해내고 싶은 일, 시간은 별로 안 걸리지만 효과가 작아서 하지 않기로 결정한 일 등 일에 대한 판단은 경우에 따라 달라질 수 있습니다. 예를 들어 어떤 일을 해봤더니 그다지 효과가 크지 않다고 생각되면 다음부터는 우선순위를 내리면 됩니다. 세심하게 검토해서 우선순위를 바꾸는 일도 필요합니다.

목적의식을 확실히 하는 것이 중요하다

 앞에서 미나미는 무언가를 할 때 시간이 얼마나 걸리는지, 어떤 효과가 있을지까지 생각해봤잖아.

 네! 지금까지는 클라리넷 연습을 할 때 하루에 몇 분 정도 하면 좋을지, 영어 단어를 암기할 때 시간이 얼마나 걸리는지, 그리고 그것들이 제게 어떤 효과가 있을지 등을 생각해본 적이 없었어요.

 시간이 얼마나 걸리는지 그리고 어떤 효과가 있는지 생각할 때는 목적의식이 가장 중요해.

목적의식이요?

 제한된 시간을 무엇을 하는 데 쓸까! 사실은 이걸 정하는 게 가장 어려운 일이야. 먼 미래의 목표나 꿈이라면 막연할 수 있으니 기악부 콩쿠르라든지 고등학교 입시 등 가까운 미래의 목표나 꿈을 위해 시간을 쓴다고 생각하는 거지. 그런 목표나 꿈을 반드시 이뤄내고야 말겠다는 의지가 바로 목적의식이야.

그렇군요. 확실히 지금까지는 제 목표나 꿈에 대해 그렇게까지 강하게 의식하지 않았어요. 그래서 걸핏하면 목표를 잊은 채 드라마를 보거나… 당장 하고 싶은 일에 시간을 쓴 것 같아요.

 하루 24시간이라는 제한된 시간에 해야 할 일을 많이 하려면 능률을 높여야 해. 능률을 높이려면 목적의식을 확실히 하고 집중해서 몰입하는 것이 무엇보다 중요해. 그리고 '○○고등학교에 들어가고 싶다', '콩쿠르에서 1위에 입상하고 싶다' 등과 같이 커다란 목표를 세우는 것도 좋은 자극이 될 거야.

목적의식이 확실한 사람 vs 확실하지 않은 사람

목적의식이 확실한 사람

'클라리넷 연습이 있으니까 5시까지 이걸 끝내야지'라는 확실한 목적의식이 있으면 눈앞에 있는 일에 집중할 수 있고 능률도 높아집니다.

목적의식이 확실하지 않은 사람

목적의식이 없으면 무엇을 하든 눈 깜짝할 사이에 시간이 흘러가 버려요. 이것도 해야 하고 저것도 해야 한다는 생각 때문에 정신이 산란해져 능률이 떨어집니다.

어른이 되어서도 도움이 되는 습관 ①

나중에 어른이 되어 일을 할 때 제한된 시간 안에 많은 일을 해야 할 경우가 종종 있습니다. 그럴 때 '무엇을 위해 시간을 쓸 것인가'라는 목적의식이 중요합니다. 목적의식이 확고하면 집중할 수 있게 됩니다. 그렇게 하면 우선순위도 정하기 쉬워집니다. 또 업무 외에도 청소, 빨래, 요리 등 집안일 같은 일상생활에도 적용할 수 있답니다.

자~ 자, 진정해!

문제집과 리포트도

시간이 얼마나 걸릴지

예측해보는 게 좋겠네

하아~

그래도 역시 마감을 정하는 건 싫은걸요?

여름방학 과제와 평상시 숙제도 마감이 있잖아?

전 항상 여름방학 마지막 날에 정신없이 해치우는 타입이에요…

띠~~~잉

그래도 어쨌든 하기는 했잖아?

제출 날짜가 정해져 있으니까요

왠지 내가 내 목을 옥죄는 기분이 들어 할 맘이 생기질 않아요

꽥

그러니까 스스로 마감을 설정해보자는 거야

그게… 그렇지만…

간식 남은 거

내가 다 먹어도 되려나~

번쩍

할게요 한다니까요!

다 됐어요!

짜~잔

오! 대단한걸?

그쵸? 그쵸? 열심히 했거든요

금요일에 내야 하는 숙제 세 개를 전부 목요일에 끝내기로 했네?

미나미 대단한걸?

움찔

헉

영어 문제집 마감도 목요일로 되어 있는데

하루에 30쪽을 다 풀 수 있을까?

움찔 헉

다음 날에는 수학 문제집 30쪽 풀기!

움찔 으윽

역시 대단하네~ 1시간에 15쪽씩 푸는 셈인데…

지키지 못할 마감은 적어봤자 의미가 없어

실제 걸리는 시간을 검토해서 현실적인 마감 시간을 정해야 해

숙제로 수학 문제를 푼 적이 있었는데 대체로 전날 한꺼번에 해치웠어요.

집중했더니 2시간 정도 걸렸었어요.

밤 9시부터 11시까지 했던 것 같아요.

그럼 이번에는 1시간 30분을 목표로 하고

그러면 여유가 있을 것 같아요.

이런 식으로 하나씩 정해가는 거야.

마감일을 제출 전날이 아니라 3일 전으로 하는 건 어때?

그러려고 해야 할 일을 목록으로 만든 거니까

그렇구나~ 자신 없는 수학 시간은 마감 시간을 넉넉하게 잡고

수학
국어

자신 있는 국어 시간은 짧게 잡아놓고 집중해서 하면 되겠네요!

마감 = 출구

출구부터 생각하면 언제까지 무엇을 해야 할지

확실히 보이기 시작할 거야

무엇을 언제까지 끝낼까?

'출구=마감'에서부터 거슬러 올라가는 습관을 들이면 '무엇'을 '언제' 해야 할지 보이기 시작합니다.
고비이 선생님께 요령을 배워볼까요?

'무엇을 언제 해야 할지'를 확실히 알려면

미나미는 여름방학 숙제를 마지막 날 한꺼번에 해치우는 타입이라고 했지?

네, 여름방학에는 맘껏 놀고 싶기도 하고 동아리 활동도 해야 하거든요. 공부는 웬만하면 생각하고 싶지 않아서….

하지만 숙제를 하루에 몰아서 하는 건 쉬운 일이 아니잖아? 끝내지 못할 수 있다는 불안감도 있고, 2학기가 되어 반가운 친구들을 만났는데 첫날부터 잠이 부족해서 멍한 상태로 있을 수 있으니까. 마감일로부터 거꾸로 계산해서 무엇을 언제 해야 할지 알면 마음이 편해지지 않을까?

으윽, 머리로는 알고 있지만… 지금부터 여, 열심히 해볼게요!

그럼 우선 마감을 의식하는 것부터 시작해보자.

마감 의식하기

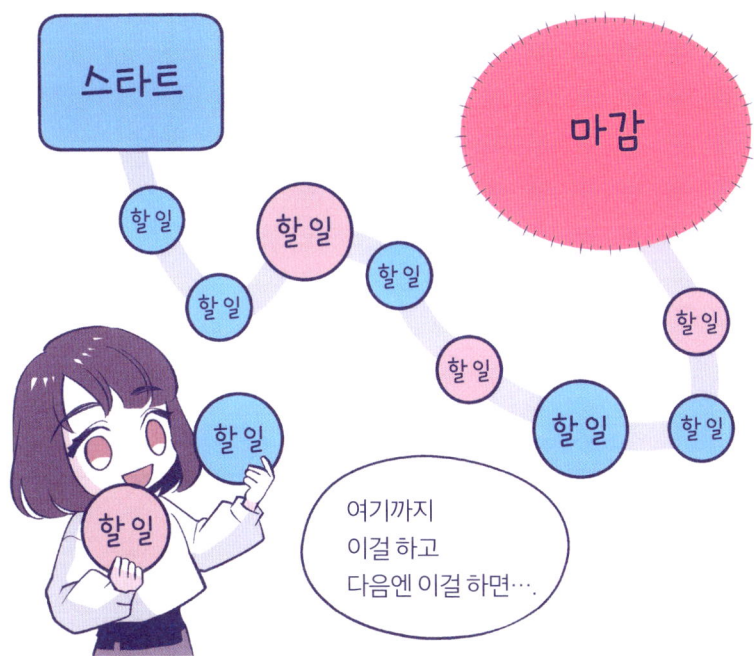

여름방학 숙제 제출일과 고입시험 날짜는 정해져 있지요? 그날을 '마감=출구'로 항상 의식하면서 일정을 세우고 행동하도록 합시다. 평상시 숙제와 중간고사, 기말고사 대비 일정을 세울 때도 활용해보세요.

마감을 의식하는 것만으로도 차근차근 진행해나갈 수 있을 거예요!

'출구에서부터 생각하는 방법' 다양하게 활용하기

출구에서부터 생각하는 방법은 일상생활에서도 많은 도움이 됩니다. 예를 들어 기악부원으로서 콩쿠르를 준비하고 있다면 콩쿠르 날부터 거꾸로 계산해보는 거예요. 하루에 50분 개인 연습, 7월부터 콩쿠르까지는 단원들과 함께 맞춰보기, 단원들과 맞춰보는 시기에는 개인 연습 절반으로 줄이기 등 계획을 구체적으로 세울 수 있답니다.

'마감 시간'과 '해야 할 일의 양'을 고려해 하루에 할 일을 정한다

마감을 의식하는 게 얼마나 중요한지 알았겠지? 이제 마감 시간을 고려해서 무엇을 언제 할지 계획을 짜보자. 미나미는 시험 과목 중에 '입시까지 다 준비할 수 있을까?, 이렇게까지 할 수 있을까?'라고 불안하게 느끼는 게 있어?

사실 여러 가지가 있어요. 예를 들면 영어 단어인데요. 학교 선생님은 입시까지 1,800개의 영어 단어를 외워야 한다고 말씀하셨는데, 앞으로 남은 기간 동안 다 외울 수 없을 것 같아요. 그래서 해야겠다는 마음이 좀처럼 생기지 않아요.

단어를 1,800개 외워야 한다면 터무니없는 양이라고 생각할 수 있어. 하지만 하루에 10개 정도라면 어때?

아, 그 정도라면 할 수 있을 것 같아요!

그렇지? 영어 단어뿐 아니라 다른 것도 마찬가지야. 마감 시간과 걸리는 시간, 해야 할 양을 고려해서 하루에 얼마나 하면 되는지 계산하면 돼. 조금씩 나눠 반복하다 보면 자신도 모르는 사이에 목표에 가까워질 거야.

암기 학습은 금요일을 복습하는 날로 정한다

하루에 외워야 할 영어 단어의 양을 계산할 경우 금요일은 월~목까지 암기한 단어를 복습하는 날로 정하는 것이 좋아요. 월~목까지 암기한 단어를 금요일에 복습하고, 한 달 동안 외운 분량을 월말에 복습하면 잊어버린 단어를 다시 기억할 수 있습니다.

영어 단어를 외워야 한다면

중학교 3학년까지 외워야 할 영어 단어는 보통 1,600~1,800개입니다. 여기에서는 1,800개의 단어를 외워야 한다고 가정해볼게요.

마감 시간에서부터 거꾸로 계산하면 외울 게 너무 많아 어려울 거라 생각한 목표가 현실적으로 바뀝니다. 적은 양과 시간을 차근차근 쌓아 올려 목표에 가까이 가도록 합시다.

자신이 할 수 있는 것보다
약간 무리하게 계획을 세운다

앞에서 미나미가 평상시 무언가를 할 때 시간이 얼마나 걸리는지 적었었잖아? 지금까지의 경험을 토대로 해야 할 일을 하는 데 시간이 얼마나 걸리는지 생각해보자.

알 것 같아요!
목요일에 숙제 세 개를 끝내는 건 무리라는 것을요.

맞아. 자신이 어느 정도의 시간에 어느 정도의 양을 할 수 있는지 평상시 생각하는 것이 무엇보다 중요해! 그리고 계획은 자신이 할 수 있는 것보다 약간 더 빡빡하게 세우는 게 좋아.

네? 계획을 빡빡하게 세우면 일정이 엉망진창 되지 않을까요?

엉망이 되지 않을 정도로 세워야지. 달성할 수는 있지만 살짝 버거운 듯하게 계획을 세우는 게 비결이야. 그 계획을 달성하면 성취감이 생기고 자신감도 얻을 수 있거든. 게다가 조금 더 분발하려는 노력을 반복하다 보면 훈련이 되어 걸리는 시간도 조금씩 줄게 돼.

정한 분량은 반드시 해내는 것이 중요하다

한 번 하기로 정한 분량은 마감 시간을 넘기거나 뒤로 미루지 말고 전부 해내는 것이 중요합니다. 그렇게 함으로써 성취감과 만족감을 얻을 수 있기 때문이죠. 또 계획한 시간에 해냈다는 자신감이 붙어 그다음에는 조금 더 어려운 목표에 도전할 의욕도 생긴답니다.

포인트 ❶ 시간이 얼마나 걸리는지 알기

시간을 알지 못한다면

'목요일에 숙제 세 개 하면 돼', '한 시간에 문제집 50쪽을 풀어야' 등과 같이 자신이 할 수 있는 양이나 걸리는 시간을 생각하지 않고 안일하게 계획을 세우면 분명 해내지 못할 거예요. 자신이 할 수 있는 양과 시간을 스스로 제대로 아는 것이 중요합니다.

포인트 ❷ 자극이 되는 계획 세우기

살짝 버거운 듯하게 계획을 세운다면

평소 30분에 리포트 세 장을 쓸 수 있다면 네 장으로 설정해 보세요. 문제집 5쪽을 푸는 데 50분 걸린다면 45분으로 설정하는 거죠. 이처럼 자신이 할 수 있는 양과 걸리는 시간에 맞춰 계획을 짜는 것이 아니라 살짝 버거운 듯하게 계획을 세우면 성장으로 이어집니다.

시간은 '적립식'이 아니라 '총량 관리'

출구에서부터 생각하는 방식에 상당히 익숙해진 것 같네?

지금까지 마감을 의식해서 계획을 짜본 적도, 무언가를 할 때 얼마나 시간이 드는지 생각해본 적도 없었어요. 하지만 시간은 잘만 쓰면 여러 가지 일을 할 수 있네요!

맞아~ 누구에게나 하루는 24시간이야. 그 시간을 어떻게 쓰는지가 아주 중요하지. 하고 싶은 일과 해야 할 일이 많은 건 누구나 마찬가지거든. 시간을 의식하지 않고 그 일들을 되는대로 한다면 엄청난 시간이 필요하겠지?

확실히 시간을 정하지 않고 설렁설렁 리포트를 쓰거나 만화책을 읽고 싶은 만큼 읽는다면 아무리 시간이 많아도 모자랄 것 같네요.

그래서 자신이 갖고 있는 시간을 의식해야 하는 거야. 그리고 그 틀에 하고 싶은 일과 해야 할 일을 끼워맞추는 게 좋아.

자신이 갖고 있는 시간에 끼워맞추는 거구나! 그러면 내가 가지고 있는 시간을 좀 더 유용하게 쓸 수 있을 것 같아요.

그렇게 하면 분명 멋진 고등학생이 될 수 있고, 콩쿠르에서도 좋은 성적을 얻을 수 있을 거야.

갖고 있는 시간에 할 일을 끼워맞춘다

숙제, 리포트 제출, 문제집 풀기 등 해야 할 일과 하고 싶은 일이 산처럼 쌓여 있습니다. 시간을 의식하지 않고 하다 보면 어느새 더 많은 시간이 필요하게 되지요.

시간의 총량은 정해져 있기 때문에 그 안에서 할 일을 할당해보세요. 해야 할 일이 다 들어가지 않을 때는 하나하나에 드는 시간을 줄이거나 어느 하나를 포기하는 식으로 대처하는 것도 방법입니다.

'시간은 유한하다'는 의식을 갖자

반년 뒤, 1년 뒤 등 먼 훗날의 목표일수록 시간이 무한대로 있다고 착각하기 쉬워요. 시간은 유한하다는 의식을 가져야 합니다. 정신을 차려보니 시간이 부족하다는 결과를 맞이하기 전에 계획하고 행동하는 것이 중요합니다.

우와~ 다 됐다!

마감 시간이 가득한

해야 할 일과 하고 싶은 일 일정표!

지금까지는 시간 가는 줄 모르고 미루다가 결국 마감 전날이 되어서야

한꺼번에 해치우는 바람에

잠이 부족하거나 못 해가는 일이 많았지

벌러덩

총 시간을 보면 시간이 부족하단 생각이 들지만 마감 시간을 정하면

한 시간을 써야 하는 공부와 짧은 시간에도 할 수 있는 공부 등

다양하게 계획을 세울 수 있는 것 같아

영어 단어를 외우는 건 10분 정도라면 매일매일 할 수도 있으니까

어머니! 영어 단어 공부 하고 있니?

응!

아침에 10분씩 정해놓고 외우려고

열심히 하네~ 우리 딸!

"작은 일을 하나씩 쌓아가는 것이 엄청난 결과로 가는 단 하나의 길이다."

이건 야구선수의 말이야

미나미에게 이 말을 선물할게

쉬는 시간에도 이걸로 공부하면 되겠다

N고 교복 너무 예쁘잖아. 기대 만땅!

우후후 후후후

아무리 그래도 너무 성급하지 않니?

59

Chapter 4 주간 스케줄과 일간 스케줄

주간 스케줄과 일간 스케줄 100% 활용하는 방법

주간 스케줄에서 한 주의 일정을, 일간 스케줄에서 하루의 일정을 관리해보세요. 각각의 장점을 알면 활용하는 데 도움이 될 거예요. 쓰는 방법을 고비이 선생님에게 배워볼까요?

2단계 스케줄을 짜보자

내가 미나미에게 선물한 수첩에는 월간 스케줄과 주간 스케줄을 적는 페이지가 있었지? 지금부터는 주간 스케줄과 일간 스케줄을 사용해 이중으로 일정을 관리하는 게 좋을 것 같아.

일간 스케줄이요?
그렇게 동시에 관리하면 어떤 점이 좋아요?

예를 들면 월간 스케줄은 한 달 동안 어떤 마감이 있는지 한눈에 보여. 하지만 오늘 하루 동안 무엇을 하면 좋을지, 어떻게 시간을 사용해야 할지 모를 수 있잖아? 이때 주간 스케줄과 일간 스케줄이 있으면 이번 주의 흐름을 이해하면서 보다 상세한 일정을 세울 수 있어.

그렇구나~ 다양한 관점에서 일정을 체크하면 해야 할 일을 깜빡하는 일은 없을 것 같네요.

맞아! 주간 스케줄은 일요일 밤에, 일간 스케줄은 당일 아침에 체크하면 일정을 잊는 일도 없고 한 주 동안 유의미하게 보낼 수 있을 거야.

주간 스케줄은 일요일 밤에 확인하기

일요일 밤에 다음 1주일의 일정을 체크해보세요. 한 주의 흐름을 알 수 있어 월요일 아침부터 시간을 낭비하는 일 없이 알차게 쓸 수 있답니다.

일간 스케줄은
당일 아침이나 전날 밤에 확인하기

일간 스케줄은 당일 아침이나 전날 밤에 확인합니다. 아침밥을 먹고 난 뒤 혹은 등교 시간, 전날 자기 전 등 매일 정해진 시간에 확인하는 습관을 들이는 것이 좋아요.

주간 스케줄을 세워보자

이제 주간 스케줄을 세워볼까?

지금까지 대략적인 일정은 월간 스케줄에, 매일매일 행동은 주간 스케줄에 적었어요.

그래. 이번엔 주간 스케줄에 마감 시간과 언제 무엇을 할지 적어볼까? 마감에서부터 거꾸로 계산하는 방법은 이제 완벽하게 알고 있겠지?

당연하죠! 맡겨 주세요. 하지만 마감을 이것저것 써넣었더니 공간이 꽉 찼어요.

그럴 땐 마감을 분류하는 게 좋아. 우선순위가 높은 것부터 이번 주에 시작하면 되거든!

마감은 두 종류로 분류해서 적는다

공부나 동아리 활동 등 각각의 분야의 마감을 상세하게 적다 보면 수첩이 마감으로 가득 찰 거예요. 그러면 스케줄을 적을 공간이 없어지겠죠? 이럴 때는 '반드시 이번 주에 해야 할 일'과 '다음 주에 해도 될 일'로 나누면 일정을 세우기 쉬워진답니다.

주간 스케줄 쓰는 방법

빈칸에 숙제나 시험 일정, 동아리 활동 등을 적어 보세요. 중요한 일정을 한눈에 볼 수 있어 유용합니다.

자세한 수업 시간표는 일간 스케줄에 적어요.
주간 스케줄에는 수업 시간대를 적습니다.

영어 단어 10개, 문제집 2쪽 등 마감하기 위해
매일 해야 할 일도 꼼꼼하게 적습니다.

점점 내 나름대로 쓰는
방법을 알게 됐어!

일간 스케줄을 세워보자

 주간 스케줄 쓰는 방법은 이제 알았겠지? 이번에는 일간 스케줄을 적어보자. 하루에 한 페이지니까 공간은 충분하지?

한 페이지에 오늘 일정을 전부 적으면 되는 거죠? 주간 스케줄보다 일정을 상세하게 적을 수 있을 것 같아요.

 그렇지? 그리고 여백이 있으니까 '오늘 할 일 리스트'를 적을 수 있는 칸을 만드는 것도 좋아.

아침에 스케줄 체크할 때 오늘 할 일 리스트를 확인하면 잊어버리는 일이 없어서 안심이 되겠어요.

 그럼 바로 적어볼까?

여백을 활용하자

하루 일정을 모두 적었는데 아직 여백이 있다면 빈 공간을 유용하게 활용해보세요. '오늘 할 일 리스트'를 적을 수 있는 칸을 만들거나 하루의 반성, 내일의 목표 등을 적는 것도 추천합니다.

일간 스케줄 쓰는 방법

수업 시간표도 자세히 기록해요. 등교 전에 매일 확인하면 중요한 일정을 잊어버리지 않을 거예요.

'오늘 할 일 리스트'나 '오늘의 일정' 등을 여백에 적습니다. 일기를 적는 것도 좋겠지요.

어른이 되어서도 도움이 되는 습관 ②

직장에 들어가 업무를 하다 보면 많은 일정을 관리해야 합니다. 마감이나 사전 미팅, 기획서 제출 등 잊어버리면 큰일 나는 일정이 빼곡하지요. 다수의 프로젝트를 함께 진행할 경우 더욱더 혼란스러울 수 있습니다. 그럴 때 동시 스케줄 관리가 아주 유용하겠지요? 지금부터 습관을 들이면 분명 도움이 될 거예요.

마감은 반드시 지키고,
비상시를 위해 여유를 두자

미나미는 앞으로 수첩에 적은 마감과 언제 무엇을 할지 정한 것을 실행해 나가겠지? 그때 기억해야 할 게 두 가지 있어. 하나는 자신이 정한 마감은 반드시 지킬 것, 그리고 다른 하나는 여유 있게 스케줄을 세울 것. 이건 아주 중요해.

마감을 지키는 것과 여유 있는 스케줄이요?

그래. 마감은 반드시 지킨다는 의식을 가져야 해. 'TV에서 재밌는 방송을 하니까 마감은 내일로 미뤄야지'라고 너무 쉽게 마감을 뒤로 미루면 일정이 점점 밀려서 나중에 힘들어지거든. 게다가 다른 일정들도 꼬이게 돼.

으~ 약점을 찔렸네요.
그런데 아까는 살짝 버거울 정도로 마감을 설정하라고….

사실 균형을 잡는 게 어렵긴 해. 하지만 급한 일이 생길 수도 있고, 예상 시간보다 더 걸리는 경우도 있어. 그때를 대비해서 여유 있게 스케줄을 짜면 안심할 수 있단 얘기야….

그렇군요. 쌤!
그렇게 하면 무슨 일이 생겨도 안심할 수 있겠네요.

월간, 주간, 일간 스케줄을 세우는 일은 처음엔 시간이 많이 걸려. 하지만 능숙해지면 스케줄 짜는 시간이 단축될 거야. 그러니 처음부터 스케줄 짜느라 고민하면서 너무 많은 시간을 들이지 않도록 해.

자신이 정한 마감은 반드시 지킨다

이유 없이 마감을 미루면 나중에 힘들어지는 건 나 자신이에요. 마감을 변경해야 하는 사정이 생겼을 때는 어쩔 수 없지만, 되도록 마감을 반드시 지킨다는 의식을 가져야 합니다.

여유 있게 스케줄을 짠다

선생님께 급한 일을 부탁받거나 감기에 걸리는 등 예상치 못한 일이 생겨 일정대로 되지 않는 경우가 있어요. 그럴 때를 대비해 여유 있게 스케줄을 짜면 나중에 만회할 수 있답니다.

금요일은 느긋하게 스케줄을 짜자

월~목요일의 일정이 밀릴 때를 대비해 금요일은 비교적 여유 있게 스케줄을 짜는 것을 권해요. 한 주 동안 늦춰진 일정을 그 주 안에 만회하면 다음 주 월요일부터는 다시 일정대로 시작할 수 있으니까요. 또 월~목요일에 공부한 내용을 금요일에 복습하는 시간으로 잡아도 좋습니다.

색을 다르게 사용하면 스케줄이 한눈에 보인다

지금까지 스케줄을 연필이나 샤프로 적었다면 이제부터는 다양한 컬러 펜으로 적어볼까요? 항목을 색으로 구분하면 보기 쉬운 수첩으로 변신시킬 수 있습니다.

색으로 눈에 확 띄게 일정을 관리하자

자, 미나미! 이거 받아.

우와~ 예쁜 컬러 펜이네요! 쌤, 고맙습니다~
수첩을 예쁘게 쓸 의욕이 마구마구 생겨요.

기뻐하니 다행이야. 하지만 색을 너무 많이 쓰는 건 금물이야. (웃음)
오히려 한눈에 알아보기 어려워지거든.

네~ 하지만 기왕 쓰는 거 다양한 색을 써보고 싶어요.

수첩을 펼쳤을 때 눈에 확 띄어서 보기 쉽게 하려고 색을 쓰는 거라는 거 잊지 말고! 지금까지는 적는 방법에 익숙해지기 위해 연습 차원에서 연필로만 적었지만, 색이 더해지면 한층 보기 쉬워질 거야.

단색으로 작성한 스케줄

스케줄을 검은색으로만 적으면 다음 동아리 활동은 언제인지, 고비이 쌤은 무슨 요일 몇 시에 오는지 등 일정을 확인하는 데 시간이 오래 걸립니다.

다양한 색을 사용한 스케줄

다양한 색을 사용하면 항목별로 분류되어 있기 때문에 수첩을 펼치기만 해도 일정이 한눈에 들어와요. 매일매일 스케줄 체크도 잘 된답니다.

컬러 펜 대신 색을 표현할 수 있는 도구는?

아까 선물한 컬러 펜 외에도 색을 표현할 수 있는 도구가 있어. 미나미도 몇 개는 갖고 있겠지?

네! 선물 포장할 때 쓰는 마스킹 테이프도 있고, 스티커도 있어요. 귀여운 스티커가 있으면 자꾸 모으게 돼요. 형광펜도 있는데, 이건 교과서에 중요한 부분 표시할 때 사용해요.

그것들을 스케줄 적을 때 꼭 사용해봐. 보기 쉬운 수첩이 될 거야.

그래도 돼요? 우와~ 신난다!
수첩 적을 때 시간이 꽤 걸릴 것 같아요.

하하하. 적당히 사용해야 해.

어떤 걸 사용할까?
고르는 것도 즐거워!

문구점이나 1,000원 균일가 판매점에 가보자

펜이나 스티커, 테이프 등 색을 표현할 수 있는 도구가 많아요. 문구점뿐만 아니라 1,000원 균일가 판매점, 서점의 수첩 코너 등에서도 여러 가지 도구들을 판매하고 있습니다. 원하는 것을 골라 사용해보세요.

알기 쉽고 기분도 좋아지는 도구들

컬러 펜

색이나 굵기 등 종류가 매우 다양해요. 마찰열을 사용해 지울 수 있는 펜도 있지요. 좋아하는 색이나 쓰기 쉬운 펜을 선택해보세요.

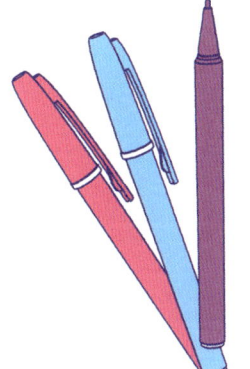

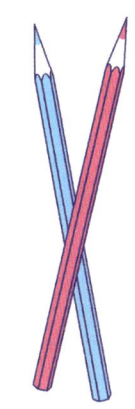

형광펜

글자 위에 색을 입히거나 중요한 항목을 체크할 때 사용하기 좋아요.

색연필

글씨를 쓰는 것뿐 아니라 마크를 하거나 색을 칠할 때도 안성맞춤인 도구예요. 지우개로 지울 수 있는 색연필도 있답니다.

마스킹 테이프

크기와 색상, 무늬, 소재 등 종류가 다양해 고르는 것도 즐거울 거예요. 글을 강조하거나 상식할 때, 구분할 때 사용할 수 있습니다.

스티커

'생일', '동아리 활동' 등의 글자가 적혀 있는 수첩 전용 스티커부터 귀여운 그림이 그려진 스티커, 단색의 동그란 스티커까지 종류가 다양해요. 원하는 스티커를 사용해보세요.

수첩에 색을 입히자

 이제 실제로 스케줄에 색을 입혀볼까? 항목마다 다른 색을 사용하면 돼.

 너무 많은 색을 사용하는 건 안 된다고 하셨죠?

 맞아. 교과목마다 다른 색을 칠하거나 장난삼아 색을 바꾸지 말고 관련된 항목끼리 색을 통일하는 게 좋아. 예를 들면 공부와 관련된 항목은 하늘색, 동아리 활동은 주황색, 개인적인 일은 분홍색으로 칠하는 식으로 말이야.

 아… 다 됐다! 역시 색이 들어가니까 보기 쉽네요.

 언뜻 봐도 무엇에 얼마나 시간을 쓰고 있는지 알겠지? 이제 스케줄 체크도 쉽게 될 거야.

보기 쉽게 기호를 활용하자

아침 연습은 ☆, 영어 단어에서 '영'자에 ○를 치거나 식사 시간을 포크와 나이프 그림으로 활용해보세요. 기호 규칙을 만들면 스케줄이 훨씬 눈에 잘 들어올 거예요.

기호를 활용한 주간 스케줄

기호를 사용하면 스케줄이 뒤죽박죽되지 않고 보기 쉬워져요. 자신이 알아보기 쉬운 기호라면 어떤 것도 좋습니다.

형광펜, 마스킹 테이프, 스티커 등을 사용해보세요. 보기 쉬울 뿐 아니라 공부 의욕도 팍팍 오른답니다.

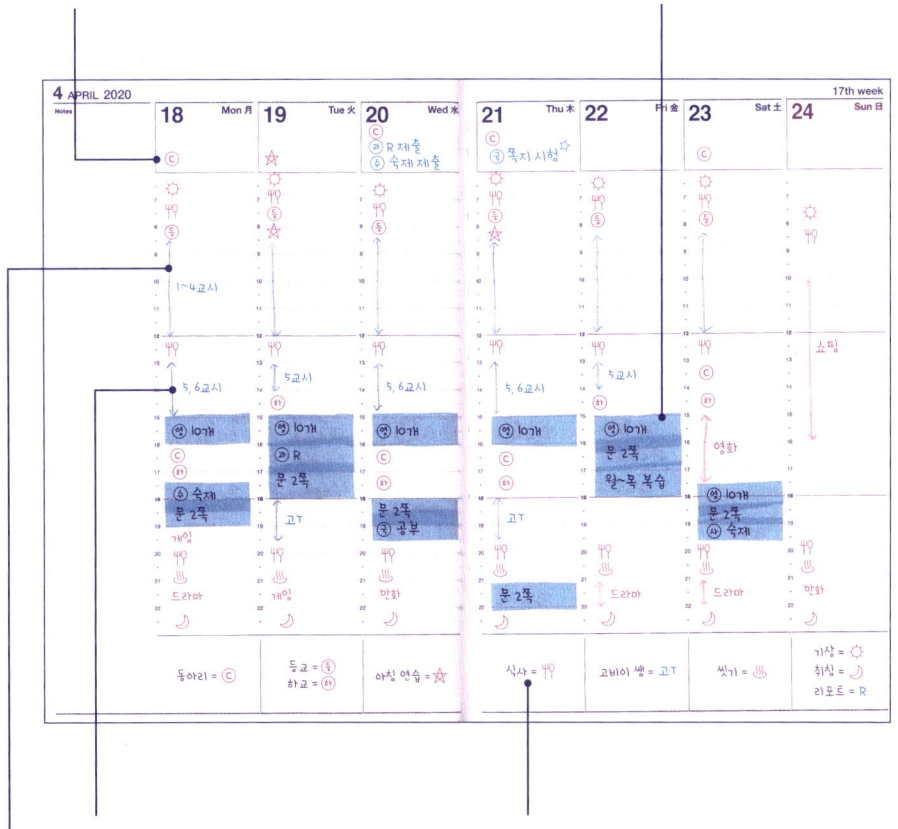

색을 입히면 1주일 동안 공부 시간이 어느 정도인지 쉽게 알 수 있어요.

기호의 규칙을 정하면 익숙해질 때까지 페이지 하단에 설명을 적어요.

기호 규칙이 익숙해지면 같은 일정은 반복해서 적지 않아도 됩니다. 평상시와 다른 일정이 들어갈 때만 적습니다.

공부·휴식·놀기의 균형을 잡자

미나미의 스케줄을 보니까 '공부=하늘색'이 많이 늘었네? 수험생으로서 훌륭한 태도야.

헤헤헤~ 고맙습니다! 꽤 열심히 하고 있어요.

하지만 수험생이라고 해서 스케줄에 공부만 잔뜩 채워 넣으면 숨이 막히니까 주의해야 해, 알겠지?

모처럼 공부할 마음이 생기니까 이때다 싶어서요. 하루에 외우는 영어 단어 개수랑 문제집 쪽수도 더 늘릴까 봐요.

전에 계획한 대로 하면 입시 전까지 충분히 끝나잖아. 지금의 페이스로도 문제없다고 생각해. 게다가 의욕이 넘치는 건 좋지만 무리하다 도중에 의욕이 사라지면 더 큰일이거든.

하긴 지금은 의욕이 넘치지만, 시험 전에 힘이 다 빠져버리면 어쩌나 싶기도 해요….

그렇게 되지 않으려면 공부에 매진하는 시간과 쉬는 시간, 노는 시간의 균형을 맞추는 게 아주 중요해. 균형이 잘 잡혀야 공부의 능률도 오르거든. 앞으로 스케줄을 짤 땐 휴식 시간과 노는 시간도 적당히 집어 넣도록 해.

공부할 때	쉬거나 놀 때

휴식 시간과 노는 시간을 적당히 넣어야 공부할 때 집중력이 더욱 향상됩니다. 평소보다 능률이 훨씬 오를 수도 있어요.	쉬거나 친구와 놀면서 재충전의 시간을 가져 보세요. 그러면 공부할 때 '자, 해보자!'라며 의욕이 넘쳐날 거예요.

공부 시간과 쉬는 시간의 강약을 조절하는 것이 중요해요.

스케줄을 균형 있게 짜야 작업 능률이 향상된다

스케줄에 공부 일정만 가득하면 지치고 피곤해져 생각만큼 힘을 내지 못할 수 있어요. 중간중간 휴식 시간을 끼워 넣거나 토요일에 친구랑 노는 일정을 넣어 봅시다. 그냥 쉴 경우 무의식중에 '쪽지 시험 공부를 해야 하는데…'라며 공부를 떠올리기 쉬워요. 친구와 노는 것에 전념하면서 공부는 잊어버리세요. 푹 쉬고 놀아야 공부할 때 능률이 더 오른답니다.

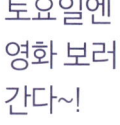

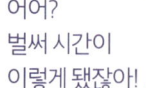

아~ 이거?

내일 방문할 회사와 새로 과외할 집 위치 확인하고 있었어

사전 준비는 오늘 중에 해야 할 일이거든

아~

이동 시간 같은 틈새 시간을 활용해서 할 생각이었지

틈새 시간이라면… 저를 기다리는 시간이요?

이번 경우는 그러네

에엣? 제가 늦게 올 거를 예견했던 거예요!?

그럴 리가! 내가 초능력자도 아니고…

틈새 시간을 알차게 활용하려면 준비가 필요하다

아침에 일어나서 집을 나서기 전까지, 6교시와 동아리 활동 사이에 잠깐 비는 시간이 있을 거예요. 이처럼 일정을 넣을 정도는 아니지만 잠깐 비어 있는 '틈새 시간'을 어떻게 활용하면 좋을까요?

틈새 시간은 의외로 있다

미나미! 몇 시에 1교시가 끝나고 몇 시에 2교시가 시작해?

음~ 9시 20분에 1교시가 끝나고 9시 30분부터 2교시가 시작돼요.

10분 정도 시간이 있네? 다른 쉬는 시간도 마찬가지겠지? 이렇게 일정을 넣을 정도는 아니지만 잠깐 남는 시간을 '틈새 시간'이라고 해. 매일매일 짜놓은 스케줄을 보면 의외로 틈새 시간이 있어. 예를 들면 오른쪽 페이지의 일간 스케줄을 볼까?

진짜네요! 오전 중에만 1시간이나 있어요.

스케줄을 적다 보면 틈새 시간이 어느 정도 있는지 보일 거야. 틈새 시간을 의식하면 시간을 너욱 유용하게 쓸 수 있어.

하루에 틈새 시간은 얼마나 있을까?

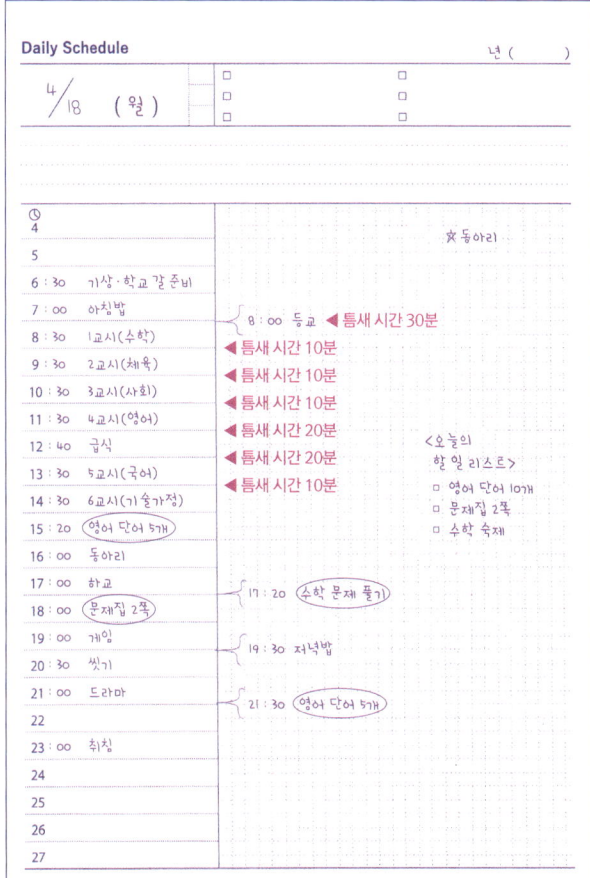

아무리 짧은 틈새 시간도 쌓이면 많은 시간이 됩니다. 모두 더하면 하루에 2~3시간이 되는 날도 있을 거예요. 그러니 우선 틈새 시간을 의식하는 것부터 시작해봅시다.

스케줄을 보니 틈새 시간이 의외로 많구나!

틈새 시간에 할 일을 메모해두자

아침 식사 후나 수업 시간 사이의 쉬는 시간같이 미리 알고 있는 틈새 시간 외에도 갑자기 틈새 시간이 생길 수 있어. 동아리 일정이 변경되거나 친구랑 집에 같이 가기로 했는데 취소되는 경우처럼 말이야.

그러고 보니 어제 국어 선생님이 15분 늦게 오셔서 15분 동안 자습했거든요. '뭐 하지?' 하고 고민하다 지난 시간에 배운 내용을 복습했어요.

갑자기 틈새 시간이 생기면 뭘 할까 고민하잖아? 나중에 '아! 그걸 했으면 좋았을 텐데'라고 생각하는 경우도 있고.

맞아요! 사실 다음 주에 한자 쪽지 시험이 있는 걸 깜빡해서… 자습 시간 끝나고 나니까 '한자 쓰기 연습할걸' 이런 생각이 들더라고요.

그렇게 되지 않도록 틈새 시간에 할 일을 메모해두는 습관을 들이는 게 좋아. 이름하여 '틈새 리스트'.

틈새 리스트요?

수첩에 여백이 있지? 그곳에 리스트 칸을 만들어서 생각날 때마다 메모를 하는 거야. 틈새 시간이 생겼을 때 리스트를 보고 실행하면 시간을 낭비하는 일 없이 효율적으로 쓸 수 있거든.

무엇을 할지 생각날 때마다 메모하기

수첩 뒤쪽에 있는 노트나 일간 스케줄 여백에 틈새 리스트를 만들어보세요. 틈새 시간이 날 때마다 리스트를 보고 실행하면 시간을 낭비하는 일이 없을 거예요.

틈새 시간에 메모 활용하기

학교 쉬는 시간이나 친구가 약속 시간에 늦어서 기다려야 할 때 틈새 리스트를 확인합니다. 짧은 시간에 할 수 있는 일을 선택해 실행해보세요.

틈새 시간 활용법

처음에는 틈새 리스트에 어떤 내용을 메모해야 할지 고민되겠지? 미나미라면 뭘 적겠어?

어제의 반성을 살려, 우선 한자 쓰기 연습을 적을 거예요. 그다음은 매일 하기로 정한 문제집 2쪽 풀기 같은 거?

문제집 2쪽 풀기는 문제집과 노트, 필기도구를 준비해야 하고 시간도 오래 걸리지 않을까? 다 끝내지 못하고 중간에 접어야 하면 곤란해질 거야. 틈새 시간이라는 특성상 짧은 시간에 쉽게 할 수 있는 일을 적는 게 포인트야.

그렇구나! 그러면 영어 단어 외우기나 연표 외우기, 영어 듣기 같은 게 좋을 것 같네요.

그게 좋겠네! 바로 틈새 리스트에 적어볼까?

피곤할 때는 휴식을 취하는 것도 좋다

틈새 시간을 활용하기 위해 공부와 관련된 것을 적는 사람이 많을 거예요. 하지만 피곤할 때는 큰맘 먹고 쉬는 것도 중요합니다. 잠을 자는 것까진 아니더라도 책상에 엎드려 15분 정도 눈을 감고 있으면 체력과 기력이 회복되니까요. 그러니 휴식을 취하는 것도 좋겠지요?

틈새 시간 활용 예시

10~20분이라는 짧은 시간을 유용하게 쓰는 방법은 이외에도 아주 많습니다. 자신만의 틈새 시간 활용법을 생각해보세요.

틈새 시간에 기분 전환을 하는 것도 좋다

 지금까지는 틈새 시간을 효율적으로 사용하는 방법에 대해 생각해봤잖아? 하지만 공부나 일을 하는 것 외에도 중요한 활용법이 있어.

그게 뭔가요? 혹시 간식 먹는 거? (웃음)

 정답!

엥? 진짜요? 간식 먹어도 돼요? 우와~ 신난다!

 하하하~ 말하자면 기분 전환하는 데 사용하라는 거지. 지난번에 일정은 균형 있게 세우는 게 중요하다고 얘기했잖아? 그것과 효과는 비슷해. 틈새 시간에 기분 전환을 하면 머리가 맑아져서 공부에 더 집중할 수 있거든.

맞아요!
간식을 먹으면 힘이 나서 공부도 술술 잘 되거든요.

 미나미는 간식을 먹는 게 가장 효과적인 것 같네. (웃음) 기분 전환할 수 있는 방법은 여러 가지가 있지만, 자신이 힘이 날 것 같은 걸 선택하면 돼.

기분 전환하는 방법에는 어떤 게 있을까?

공부하다가 틈틈이 10분 정도 산책하는 것만으로도 기분이 상쾌해지고 머리가 맑아져 공부 효율을 높일 수 있답니다.

추천하는 기분 전환 방법

음악 감상

편안한 자세로 좋아하는 음악을 들어보세요. 기분이 좋아지면서 기분 전환에 도움이 될 거예요.

스트레칭

오랜 시간 의자에 앉아 있으면 혈액 순환이 안 되거나 몸이 뻐근해집니다. 이때 스트레칭으로 근육을 이리저리 늘리면 혈액 순환에 효과적이지요.

간식 먹기

적당량의 간식을 먹는 것도 좋아요. 하지만 너무 많이 먹으면 위가 활동을 시작해 졸릴 수 있으므로 주의해야 해요.

그건 알지만…
낮잠을 자거나
멍을 때리거나

게임을 하거나
만화를 읽는 것도
하고 싶단 말이에요

물론
피곤할 때는
틈새 시간에

휴식을
취하는 것도
유용한 시간
활용 방법이야

그죠, 그죠?
살짝 숨 돌릴 시간을
갖는 것만으로도
더 분발할 수 있는
힘이 나잖아요?

틈새 시간을
유용하게
활용해야겠어요!

있잖아요, 쌤!
최근에 푹 빠져 있는
게임이 있어서…

미나미! 지금은
틈새 시간이
아니거든?

오늘 공부
시작하자!

앗! 넵!

괜찮아~

오늘은 푹 쉬자
그래야 감기가 낫지

음…

학교…

좋은 아침!

이제 감기
다 나았구나

추~욱

다 끝났어…

기악부 연습을
4일이나
쉬었어…

공부도
전혀 못 했고!

감기
나았으니까,
이제
괜찮잖아~

망했어! 모처럼
큰맘 먹고 세운
이번 주 스케줄

하나도
못했어엉~

다 끝났어…
나의 중학교
생활…

추―욱

헐!
오버하기는!

불가능한 스케줄을 가능한 스케줄로 바꾸려면

감기에 심하게 걸려 앓아누운 적이 있나요? 그러면 계획한 일정이 며칠이나 흐트러지는 상황이 발생합니다. 이런 경우 스케줄을 수정해야겠죠? 어떻게 수정해야 하는지 고비이 선생님께 배워봅시다.

때론 스케줄 변경이 필요하다

미나미! 감기가 다 나아서 다행이야. 너무 아파 보여서 걱정했는데 이젠 안심해도 되겠어.

네, 그런데 3일이나 누워 있느라 그동안의 스케줄을 하나도 소화하지 못했어요. 이제 고등학생이 되지 못할지도….

괜찮아! 함께 일정을 수정해보자. 그전에 우선 스케줄 관리하는 요령부터 익혀볼까? 자신이 세운 일정을 지키는 일은 매우 중요하지만 계획에 너무 얽매여서는 안 돼. 때에 따라 스케줄을 변경하는 것도 필요하거든.

'스케줄은 절대 바꾸면 안 돼!'라는 생각을 해서 그런지 일정을 소화하는 것에만 신경 쓰고 있었어요.

계획은 어디까지나 계획이야. 상황이 달라지면 다시 계획을 변경하는 유연한 태도가 필요해.

스케줄 관리 요령

★ 스케줄은 반드시 지킨다
일정을 너무 쉽게 미루면 이후의 일정들이 점점 뒤로 밀리게 되어 곤란해지겠죠? 기본적으로 스케줄은 반드시 지켜야 합니다.

★ 계획을 지키는 것에만 얽매이는 건 금물! 상황에 따라 유연하게 변경한다
갑자기 급한 일정이 생기거나 감기에 걸려 앓아눕는 등 예상치 못한 일이 생길 수 있습니다. 이때 일정에 너무 얽매이다 보면 초조해지거나 스트레스를 받게 되죠. 따라서 스케줄을 변경하는 유연한 태도를 지니는 것이 중요합니다.

★ 목적은 '스케줄 소화'가 아니라 '해야 할 일을 효율적으로 진행'하는 것
일정을 지키는 것에만 너무 신경 쓰다 보면 자신도 모르는 사이에 목적과 수단이 전도되는 일이 생겨요. 스케줄을 소화하는 것보다 해야 할 일을 효율적으로 진행하는 것이 더 중요합니다.

★ '스케줄은 바뀌는 것'이라고 받아들인다
급하게 일정을 변경할 경우 자연스럽게 기분을 전환할 수 있습니다. 곧바로 새로운 일정에 돌입해야 하기 때문에 밀린 일정들을 빠르게 만회할 수 있지요.

★ 여유 있게 스케줄을 짠다
일정을 너무 빡빡하게 짜면 늦어지거나 미뤄진 일정을 만회할 시간이 없겠죠? 만일의 경우를 대비해 스케줄은 여유 있게 짜는 게 좋아요.

아무리 해도 계획대로 안 될 때는 바꾸면 되겠네!

스케줄 수정하는 방법

 감기에 걸려 하지 못한 분량을 보충해볼까?
이번 주 일정을 보여줄래?

 네, 여기 있어요. 오늘도 일정이 꽉 차 있는데… 수요일에 제출해야 하는 수학 숙제는 절대 못 끝낼 거 같아요. 원래대로라면 벌써 끝냈을 텐데….

 괜찮아~ 매일 하기로 정한 영어 단어 외우기랑 문제집 2쪽 풀기를 다른 날로 미루자.

 네? 매일 하는 게 규칙인데 미뤄도 되나요?

 그런 마음을 갖는 건 좋은 태도야. 하지만 유연하게 스케줄을 변경해야 할 때도 있어. 스케줄을 수정할 때 우선순위를 정하는 요령은 아래 설명을 참고하면 돼.

우선순위를 정하는 요령

① 이번 주에 꼭 해야 할 일은 오늘이나 내일 일정에 넣는다.
② 다음 주에 해도 되는 것은 다음 주로 미루고, 일정을 재정비한다.

마감은 미루지 말고 우선순위를 바꾼다

입시를 위한 영어 단어 암기나 문제집 풀기 등 마감까지
아직 시간이 있는 것은 여유가 있는 날로 옮깁니다.

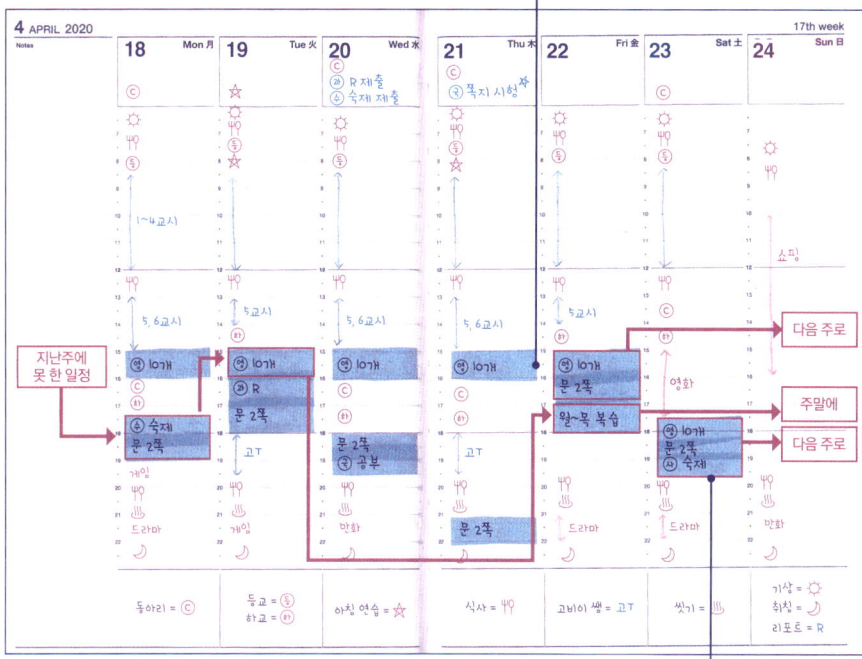

숙제나 리포트 제출 등 마감 기한이 있는 것부터 시작할 수 있도록 일정을
옮깁니다. 이미 써놓는 스케줄에 빨간 펜으로 수정 내용을 적습니다.

> 우선순위를 판단하는 게 중요하겠죠?

오늘 할 수 있는 일은 오늘 안에 하기

할 수 있는 일을 바로바로 해두면 계획이 흐트러지거나 감기에 걸렸을 때 생기는 피치 못할 상황에 잘 대처할 수 있겠죠? 내일 이후의 자신을 위해 오늘 할 수 있는 일은 오늘 중에 끝내는 습관을 들여야 합니다.

일정을 너무 빽빽하게 넣는 것은 금물

이번에는 아파서 못 한 부분을 만회할 수 있어서 다행이야.

일정을 수정하는 것만으로도 못 한 부분을 보충할 수 있다니, 정말 깜짝 놀랐어요! 처음에는 '이젠 끝났어'라는 생각이 들어 속상했거든요. 쌤 덕분에 무사히 숙제도 리포트도 제출할 수 있을 것 같아요. 고맙습니다!

덕분은 무슨! 미나미의 스케줄은 괜찮지만 애초부터 실패하기 쉬운 일정표가 있어. 그런 경우는 이번처럼 감기로 누워 있느라 일정이 며칠 미뤄지면 만회할 수 없거든. 일정 변경이 조금도 허용되지 않는 빡빡한 일정표는 좋지 않아.

저는 괜찮다니 다행이네요.
실패하기 쉬운 일정표는 어떤 거예요?

예를 들면 17시에 동아리 활동이 끝나고 17시 7분에 버스 타서 17시 32분에 집에 도착. 17시 34분부터 학교 숙제, 18시 8분부터 문제집 풀기…. 이런 식으로 분 단위로 쪼개서 빠듯하게 일정을 세우는 것은 위험해. 동아리가 늦게 끝나면 17시 7분에 버스를 못 탈 수도 있고, 길이 막혀서 버스가 늦게 오면 다음 일정이 점점 밀리거든. 그러면 그날 일정을 다음 날로 미뤄야 할지도 몰라.

그건 생각만 해도 진짜 무섭네요….

그거 말고도 또 있어. 자신이 할 수 있는 양을 정확하게 파악하지 못한 채 무턱대고 과도하게 계획을 세우는 경우야. 20분에 리포트 20장, 10분에 영어 단어 50개 암기같이 터무니없는 계획을 세워봤자 도저히 할 수 없으니까. 이런 건 주의해야 해.

실패하기 쉬운 일정표

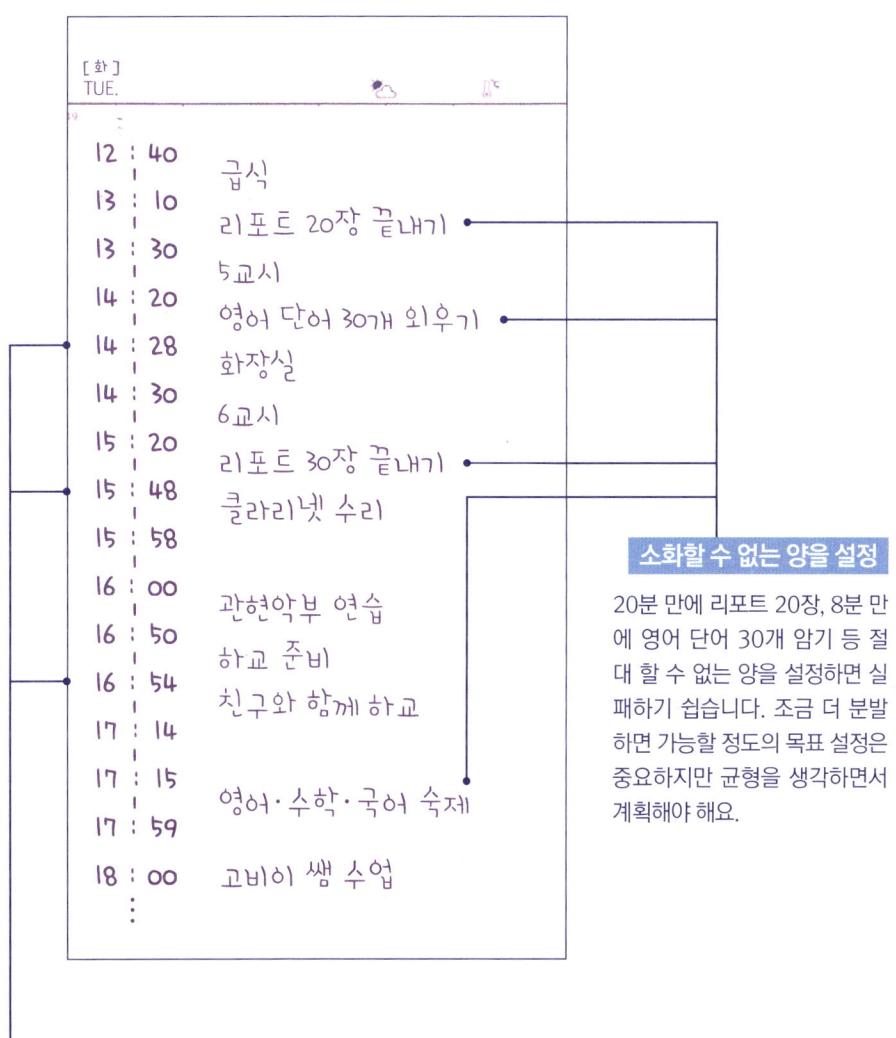

소화할 수 없는 양을 설정

20분 만에 리포트 20장, 8분 만에 영어 단어 30개 암기 등 절대 할 수 없는 양을 설정하면 실패하기 쉽습니다. 조금 더 분발하면 가능할 정도의 목표 설정은 중요하지만 균형을 생각하면서 계획해야 해요.

분 단위의 빠듯한 시간 설정

분 단위로 일정을 세우면 어느 하나가 늦어질 경우 만회가 불가능합니다. 시간을 의식하는 것은 필요하지만, 무리하지 않는 범위 내에서 스케줄을 짜야 합니다.

스케줄을 꼼꼼히 점검한다

 미나미! 수첩을 처음 쓰기 시작했을 때와 비교하면 시간을 활용하는 능력이 굉장히 좋아졌어.

 쌤을 만나기 전에는 하루하루가 눈 깜짝할 사이에 지나갔어요. 할 일이 꽉 차서 바쁘다는 생각만 했죠. 하지만 시간을 의식하면서부터 시간을 잘 사용할 수 있게 된 것 같아요.

 추가로 해줄 얘기는 스케줄을 꼼꼼하게 점검하는 습관을 들이는 게 좋다는 것 정도? 일정은 계획하고 실행하고 점검하고 필요하면 조정도 해야 해. 이런 과정을 반복하다 보면 시간을 더욱 효율적으로 사용할 수 있을 거야.

 그렇게 하면 멋진 고등학생이 될 수 있을까요…? 저, 열심히 할게요!

 나도 응원할게!

어른이 되어서도 도움이 되는 습관 ③

한 번 세운 일정을 보며 '완벽해!'라고 생각해서 늘 그대로 하는 사람이 많아요. 하지만 상황은 늘 바뀌기 때문에 그에 맞춰 조정하고 꼼꼼하게 점검하는 습관을 들이는 것이 좋습니다. 일정을 세울 때뿐 아니라 어른이 됐을 때 여러 상황에서도 분명 도움이 될 거예요.

스케줄 점검 포인트

해야 할 일 리스트
해야 할 일을 완수함과 동시에 다시 새로 해야 할 일이 생깁니다. 매번 해야 할 일 리스트를 꼼꼼히 체크해야겠죠?

우선순위
상황이 바뀌면 우선순위도 바뀌기 마련이죠. 주간 스케줄과 일간 스케줄을 확인할 때 우선순위를 다시 점검하는 것을 잊지 마세요.

시간
매일 하는 일정들은 익숙해지면 시간이 단축됩니다. 과거에는 30분 걸리던 일을 20분 만에 하게 될 수 있지요. 실제로 걸리는 시간과 예정 시간이 일치하는지 꼼꼼하게 확인해보세요.

제대로 일정을 세우고 점검하면 목표에 가까이 갈 수 있다

학교에서 가르쳐주지 않지만 잘살기 위해 꼭 알아야 할 것들 - 시간관리

초판 1쇄 발행 2022년 7월 7일
초판 2쇄 발행 2023년 1월 5일

글그림·나나에
옮긴이·오현숙
발행인·이종원
발행처·(주)도서출판 길벗
출판사 등록일·1990년 12월 24일
주소·서울시 마포구 월드컵로 10길 56(서교동)
대표 전화·02)332-0931 | 팩스·02)323-0586
홈페이지·www.gilbut.co.kr | 이메일·gilbut@gilbut.co.kr

기획 및 책임편집·황지영(jyhwang@gilbut.co.kr) | 제작·이준호, 손일순, 이진혁 | 마케팅·이수미, 장봉석, 최수영
영업관리·김명자, 심선숙, 정경화 | 독자지원·윤정아, 최희창

디자인·ALL designgroup | 교정교열·장문정 | 인쇄·교보피앤비 | 제본·경문제책

- 잘못 만든 책은 구입한 서점에서 바꿔 드립니다.
- 이 책은 저작권법에 따라 보호받는 저작물이므로 무단전재와 무단복제를 금합니다.
  이 책의 전부 또는 일부를 이용하려면 반드시 사전에 저작권자와 출판사 이름의 서면 동의를 받아야 합니다.

ISBN 979-11-407-0032-5 74300
      979-11-407-0031-8 (세트)
(길벗 도서번호 050167)

독자의 1초를 아껴주는 정성 길벗출판사

길벗 | IT실용서, IT/일반 수험서, IT전문서, 경제실용서, 취미실용서, 자녀교육서
더퀘스트 | 인문교양서, 비즈니스서
길벗이지톡 | 어학단행본, 어학수험서
길벗스쿨 | 국어학습서, 수학학습서, 유아학습서, 어학학습서, 어린이교양서, 교과서

오늘부터 부자가 될거야!

학교에서 가르쳐주지 않지만
잘살기 위해 꼭 알아야 할 것들

후루모토 유야 글그림 | 사카키바라 마사유키 감수
신현호 옮김

자본주의 사회에서 부자가 되는 7가지 방법

저런 스포츠카를 타는 사람들은 분명 금수저겠지?
그렇다면 난 이번 생에는 틀렸어.

겉보기엔 평범하지만 실은 돈 문제로 가끔 언성을 높이는 부모님과 함께 사는 마사유키는 돈 고민 없이 최신 스마트폰을 척척 사는 친구들을 보면 자꾸 자신이 초라하게 느껴진다. 그러던 어느 날 학교에 수상한 교생 선생님 카네기가 등장한다. 카네기 선생님의 말은 자꾸 마사유키의 정곡을 찌르는데……

너, 부자가 되고 싶니?

스스로 저금을 하고 있다니 기특하긴 한데…
그걸로 부자는 못 되거든?

그렇다면, 이제
돈을 불리는 방법을 알려줄까?

오늘부터 힘차고 당당하게!

학교에서 가르쳐주지 않지만 잘살기 위해 꼭 알아야 할 것들

기리타니 노바 글그림 | 히가노 미키나리 감수
오현숙 옮김

리더십

유능한 리더가 되는 7가지 방법

나 잘할 수 있어!
내가 응원단장 할게!

국가대표 스포츠팀 주장 인터뷰를 보고 '나도 멋진 리더가 되고 싶어!'라고 생각한 미키타. 마침 체육대회 응원단장을 선정하는 학급회의가 열리자 손을 번쩍 들어 단장을 맡는다. 그러나 함께 힘을 합쳐야 할 응원단 친구들은 첫날부터 '미안, 오늘은 바빠서'라는 말을 남기고 흩어져버린다. 힘없이 교정을 걷던 미키타는 학교를 청소해주는 구세주 아저씨와 마주치는데.

역시 전 무리였나 봐요.
다들 응원단을 벌칙처럼 생각해요.

넌 벌써 포기한 거야? 왜 응원단장이 된 거냐?

바뀌고 싶어서요. 리더가 되고 싶어서요.

그럼 바뀌면 되잖아. 네가 바뀌면 모두 달라질 거야.